迪士尼 我会

贝儿的婚礼

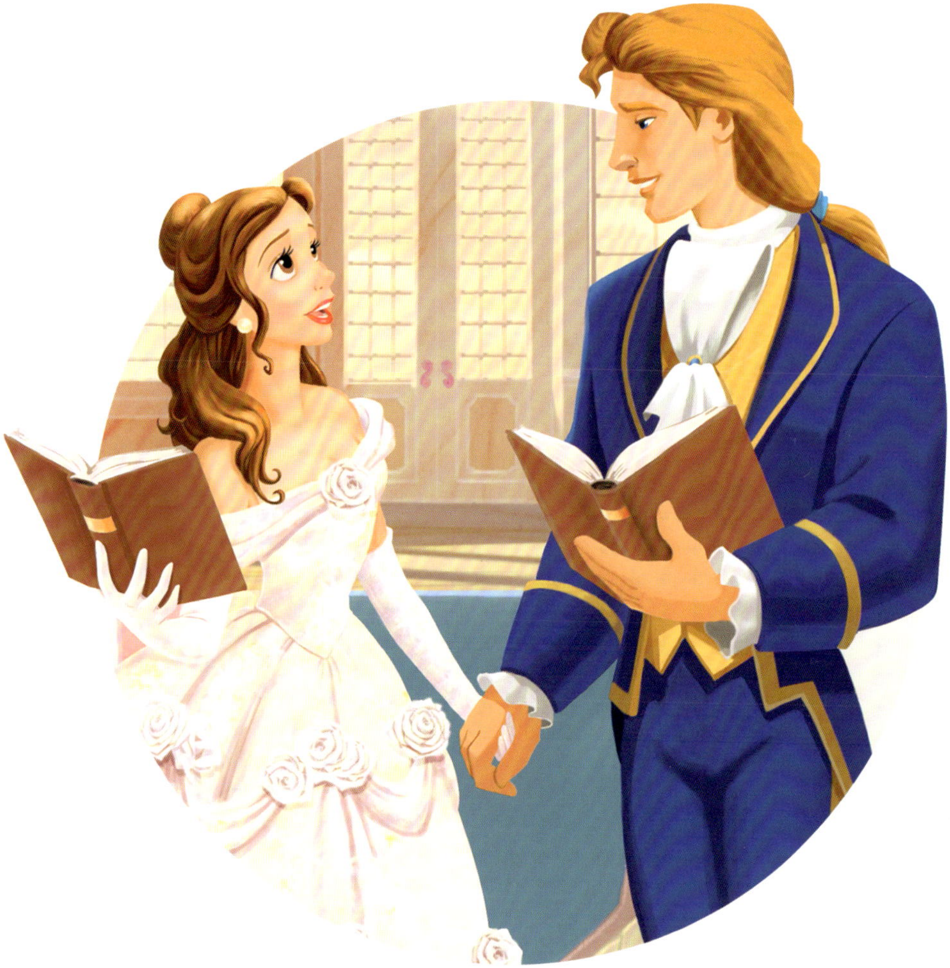

童趣出版有限公司编　　人民邮电出版社出版
北　京

缓步出发大步走

儿童阅读的作用和意义，家长们已经达成共识，不需要在此加次讨论。不过，家长们还是有一些普遍困惑，例如，孩子在幼儿园要不要识字？通过什么方式识字？孩子在幼儿园不识字能否应对小学之初的压力？如何处理父母读和自主读的关系？阅读兴趣和语言学习如何兼顾？

这套书正是为了解答上述疑惑而编写的。编写者希望在儿童阅读的纷繁流派中，坚持一些基本观点，探索中国孩子学习阅读的独特途径。这些观点主要如下：一、早期阅读要把阅读兴趣的培养放到最重要的位置来考虑；二、通过这套书让孩子在幼儿园认识400个常用字，为小学阶段的学习减轻压力和奠定基础；三、不鼓励父母用识字卡片的方式教孩子识字，把生字放到故事中更有意义；四、在小学三年级的阅读关键期，实现孩子自主阅读；五、幼儿园阶段既鼓励亲子阅读，又鼓励孩子自主阅读。

由此，这套书主要有如下特点：

科学性。从选择高频、简单、构词能力强的字先认，到通过各种方式复现，再到故事内容的打磨，最后培养出优秀的阅读者。从分级阅读的角度，综合考虑生字、生词、句子长度、主题深浅等多个因素，编写出难度递增的故事。

趣味性。选择了迪士尼的漫画人物和漫画故事作为主要内容，降低阅读难度，增强阅读趣味。由于有识字的安排，创作故事犹如"戴着镣铐跳舞"，但故事仍然精彩十足，劲道十足。

功能性。把识字放在重要位置，同时兼顾文学性。和时下流行的图画书不同，本套书把学习功能放到重要位置。希望通过有趣的故事，让孩子认识汉字，早日实现自主阅读。

希望通过这套书，帮助孩子在阅读之路上缓缓起步，培养自信，锻炼能力，然后再大步流星，一路前行，成为趣味高雅、兴趣充盈的阅读者！

王林（儿童阅读专家）

贝儿的婚礼

再过几天就是贝儿和王子的婚礼了。衣柜夫人和茶壶太太看着贝儿穿上美丽的婚纱，心里乐开了花。

礼

贝儿也很开心,她想起了第一次见到王子和朋友们的样子。她数了数日子,就在几个月前,那时的王子还是一头 野兽 ,长得很丑,贝儿看到他,真是怕极了!

后来她住进 城堡 ，钟表葛士华 和 茶壶太太 都对贝儿说："不要怕，野兽 是好人。"

野兽长得很可怕，可是他的心地很好，他有好多好多的书，他很爱读书。贝儿最爱读书，看见野兽有那么多书，贝儿开心极了。几个月后，贝儿和他成为了好朋友。

dú
读

这几个月来,他们一起吃饭、一起读书、一起说心里话。野兽也和从前有了很多不同。更让人开心的是,他们都爱上了对方。

贝儿还在想着过去的事，大家为了婚礼跑来跑去的声响让她回到现在。

"朋友们,谢谢你们为我和王子做了这么多!可我们最开心的是婚礼现场能有你们!"看见大家为自己的婚礼做了好多事,贝儿甜甜地笑着说。

七色的花儿、好吃的蛋糕、美丽的冰雕……大家太想给贝儿和王子一个完美的婚礼了，还想请来全国的人们！

guó
国

这边，葛士华和卢米亚也在高兴地为王子做这做那。

huà

画

　　王子也想起了第一次见到贝儿时的画面，她是那么美丽、有爱心……万万没有想到这么好的女孩会爱上自己。这下，他真的成为全天下最开心的人了！

王子想起那天自己让狼伤了，贝儿没有走，还反过来救了自己！她对  里的

城堡

每一个人都很有爱心,她让大家天天都很开心,这样的女孩真不多见!想到这里,王子又笑了。

　　王子还想到：不光这样，我的伤好了后，贝儿还常常和我一起说心里话，一起看书。

　　她的真心让咒语不见了，让我又成为了王子。贝儿就是我的阳光，是她让我想做一个更好的人！

想到这里,王子说道:"这么好的女孩,我要用什么 ![礼物] 让你明白我对你的爱呢?" ![钻石戒指]?不好!美丽的 ![裙子]?不好!好看的书?也不大好!有了!只见王子飞快地跑出了 ![城堡],他要去哪儿呢?

王子走进了一家花房！"![玫瑰花]是贝儿的最爱！对贝儿来说，这是最好的![礼物]。"王子开心地说。

婚礼马上就要开始了!贝儿穿上白色的 (婚纱),手里拿着她最爱的红色(玫瑰花),这时的贝儿更加美丽了!王子看见美丽的贝儿,开心极了!

婚礼开始了，王子给了贝儿一个里边画有星星和太阳的 日记本。"把我们的快乐都写在上面！"王子看着贝儿的眼睛说。贝儿笑着点了点头。

婚礼真的很完美！"谢谢大家！大家好好吃，玩得开心！可是，这么多东西，我们吃得完吗？"贝儿开玩笑地问 葛士华 和 卢米亚 ，大家都笑了。王子和贝儿在笑声中走向了花园。

天哪,花园里都是贝儿的家人。

"谢谢你,我的王子;谢谢你们,我可爱的朋友;谢谢每一个人!"贝儿真心地对大家说,"你们给了我一个最好的 🎁(礼物),谢谢你们!我爱你们!"

只见成千上万个 玫瑰花瓣 飞向天上，贝儿和王子在 城堡 前高兴地跳起舞来。这里的每一个人都开心地说着、笑着、唱着……

这是多么美好的一天,多么完美的婚礼啊!这一天,每个人都十分开心快乐!

只要说"请"

外在下雨，和贝儿一起到看书。
城堡　　　　阿奇　　　　　　图书馆

过了一会儿，贝儿说："我们来玩'找找看'吧！"她边说边拿出一张卡片，上面写着："在红色的大书里看一看。"

zhāng
张

贝儿找到了红色的大书,里面也有张卡片,上面写着:"比一比,谁第一个跑到壁炉那儿。"

阿奇 真快！他一下就跑到了 壁炉 边，还在那里找到了一张 卡片 。贝儿拿起那张 卡片 ，对 阿奇 说道："在 地毯 下有一个大……"

"大什么？贝儿，快说啊！" 阿奇 问道。

"你要自己找一找！"贝儿笑着说。

拥抱!

阿奇 找啊找,真的在 地毯 下又找到了一张 卡片 。 卡片 上写着:"和你身边的人抱一抱!" 阿奇 和贝儿开心地抱在了一起。

玩了一会儿,阿奇去找妈妈要好吃的了。阿奇走后,贝儿在桌子上发现了一把钥匙。"这把钥匙会是谁的呢?"贝儿想了想,把钥匙放了起来。

这边，阿奇 在 厨房 里找到了妈妈，妈妈和卢米亚正在做蛋糕呢。谁也没有看见外面的雨下到厨房里了。

"我想吃一个 (蛋糕)，行吗？"阿奇问妈妈。茶壶太太问他："'我想吃一个 (蛋糕)，行吗？'前面是不是还要加点儿什么？"阿奇想了想说："请问，我想吃一个 (蛋糕)，行吗？"茶壶太太笑着点点头。阿奇马上说："谢谢！"

这时，（野兽）走进来了。他二话没说，拿起（蛋糕）就吃，吃完还问大家："谁见到我的（钥匙）了？"

大家都没有看见 野兽 的 钥匙 。这时，贝儿来了。阿奇 给她拿了一个小 蛋糕 ，贝儿说："谢谢你，阿奇 ！"

 问贝儿:"为什么 野兽 就不会说'请'
阿奇
和'谢谢'呢?"他们要让 野兽 也学会说"请"
和"谢谢"。

这时，▢里的雨水更多了，这让▢很生气。"我的▢在哪里？有谁看见了吗？"▢大叫道。
厨房　　　　　　　　　　野兽
钥匙
野兽

大家不说话。贝儿想,要得到,得让学会说"请"和"谢谢"。

钥匙

野兽

贝儿想到了和 阿奇 一起在 图书馆 里玩的小 卡片 。她对大家说:"我们一起玩'找一找'吧!"

"不!不行!我要找 🗝!" 🦁说。
钥匙　　　　　野兽
"'找一找'很好玩,这会让你找到 🗝
钥匙
的。"贝儿笑着说。

野兽只好和大家一起玩"找一找"。贝儿拿出一张卡片。卡片上写着:"你

不小心打到了人,要说什么话?""要说'对不起!'"阿奇大声说。

贝儿又说道:"只要用到我,你就能看见自己。这是什么?""是镜子!"茶壶太太边说边飞快地跑过去,从镜子后面找到了一张

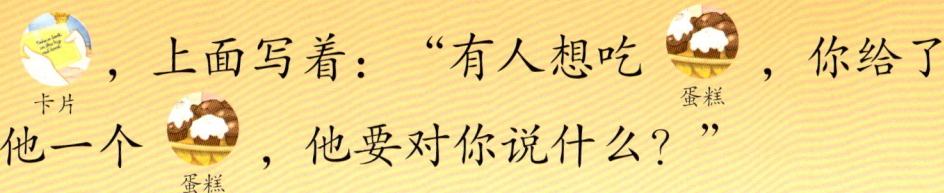

卡片，上面写着："有人想吃蛋糕，你给了他一个蛋糕，他要对你说什么？"

丢掉的钥匙很容易找到,只要你说……

"谢谢!"葛士华 和 卢米亚 马上说道。野兽有点儿不自在,不想玩了。贝儿把手放在了野兽的手上。"再玩一会儿吧!"她说。

这时，🕰️（葛士华）从门后找到一张🗂️（卡片）。上面写着："要想找到🗝️（钥匙），你要说……"

每一个人都看向了🦁（野兽），等着他说出那个字。🦁（野兽）明白了，小声地问："是，是要说'请'吗？"

大家一起笑着点点头。贝儿拿出钥匙，放在了野兽的手心里。野兽拿着钥匙就走，可他没走几米，又回过身，高兴地对贝儿说："贝儿，谢谢你！"

"不用谢！"贝儿笑着说。

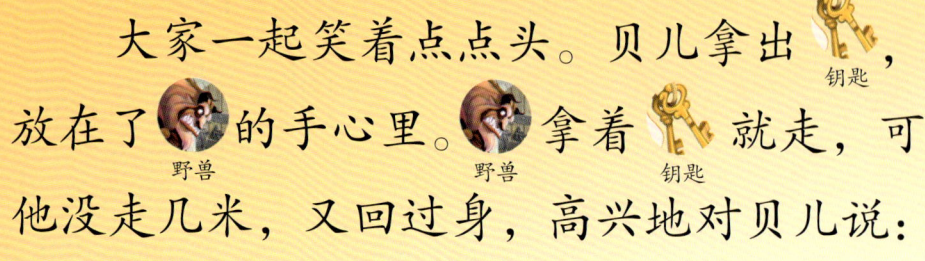

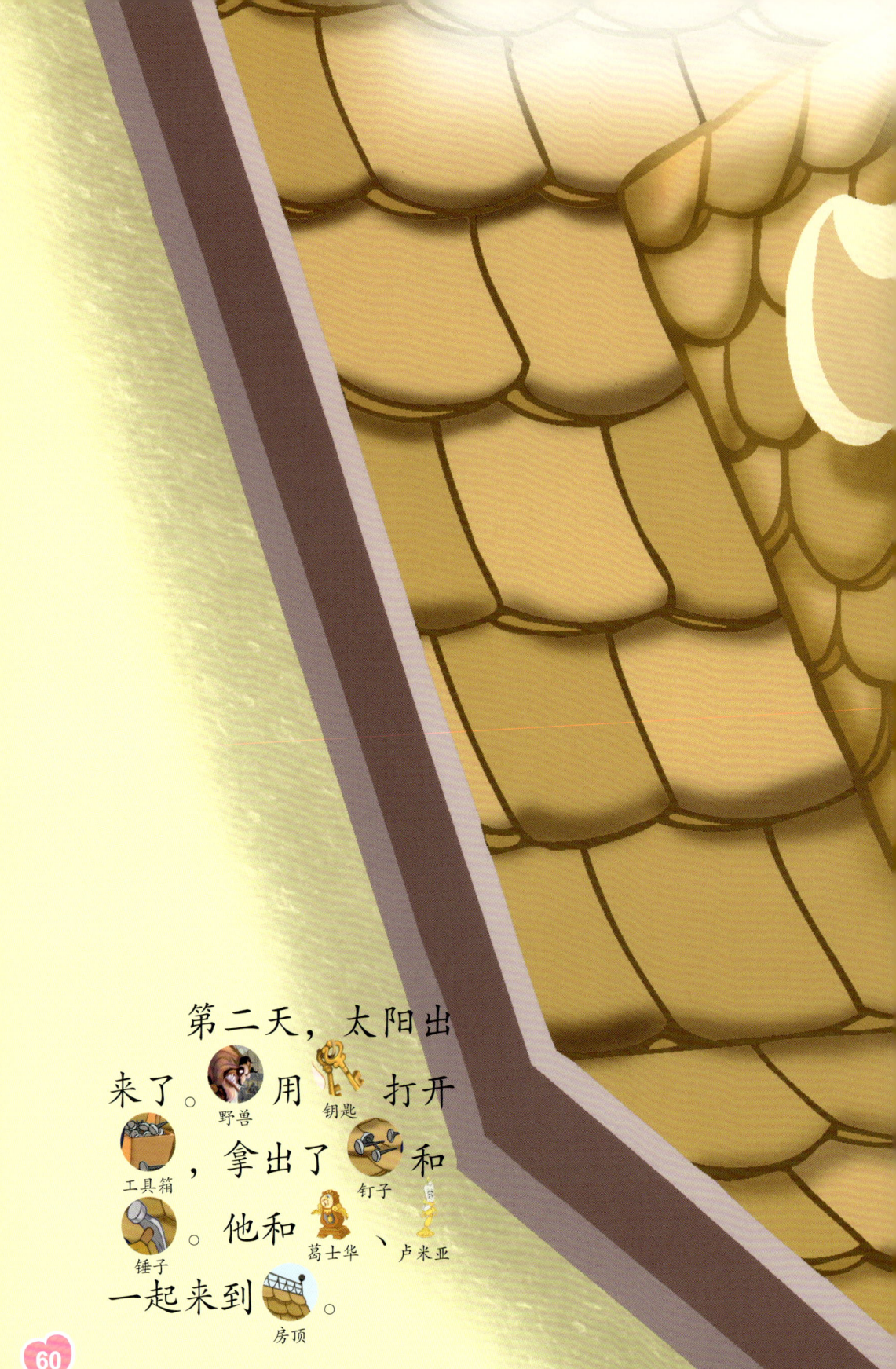

第二天,太阳出来了。野兽用钥匙打开工具箱,拿出了钉子和锤子。他和葛士华、卢米亚一起来到房顶。

野兽很快就修好了房顶。

"你真棒，雨水再也进不到厨房里来了！"葛士华说道，卢米亚也跟着说："谢谢你，野兽！"

"也谢谢你们让我明白，我要学会时时说'请'和'谢谢'！"野兽真心地对他们说道。

识字加油站

小朋友，你能把正确词语的序号填到对应图片下的括号里吗？

(　　)　　　　　　　　(　　)

(　　)　　　　　　　　(　　)

1. 女孩　　2. 画画　　3. 课本　　4. 看书

小朋友,连一连吧!

甜甜的　　　　　　好朋友

美丽的　　　　　　糖果

成千上万的　　　　花朵

五颜六色的　　　　图画

快乐的　　　　　　星星

识字加油站

■ 贝儿最喜欢读书,可是这一页被野兽不小心撕破了,你能帮她找到正确的部分补回去吗?

成千上万的花瓣

A.
跑上山。

B.
跳得很高。

C.
飞向天上。

D.
开心地笑。

小朋友,写一写吧!

绿色的树叶

绿色的 _____

白色的云朵

白色的 _____

蓝色的大海

蓝色的 _____

第5级重点字

阳 月 光 男 女 孩 画
丑 全 国 数 桌 字 时
加 让 用 过 方 反 住
甜 身 问 写 分 广 读
千 几 次 万 谁 那 自
己 向 全 更 正 同 声

超范围字

hūn	lǐ	bèi	yàng	jí	shū	xiǎng	xiàn	néng	ne	biān
婚	礼	贝	样	极	书	响	现	能	呢	边

cháng	zhòu	shǐ	ná	wǔ	zhāng	bào	jiào	xiū
常	咒	始	拿	舞	张	抱	叫	修

第5级总字表

一	二	三	四	五	六	七	八	九	十	两	上	下	大	小
多	少	花	草	天	地	春	鸟	朋	友	出	去	到	来	看
吃	笑	找	爱	玩	的	个	儿	了	只	早	不	高	兴	好
我	你	爸	妈	家	气	山	木	马	森	林	人	子	手	心
门	饭	水	前	后	跑	飞	走	开	回	要	进	坐	生	是
想	谢	做	睡	学	会	快	真	棒	乐	美	丽	很	什	么
们	跟	又	啊	吧	在	得	可	他	她	头	发	口	牙	面
星	日	云	海	河	夏	秋	黄	风	雨	狗	猪	狼	鱼	树
叶	车	船	书	起	说	听	哭	跳	给	喝	吹	关	有	怕
白	黑	红	蓝	绿	中	里	外	东	西	长	姐	妹	哥	弟
这	把	没	都	也	哪	吗	着	最	和	牛	羊	冬	猫	鸡
鸭	鹅	毛	虫	兔	雪	石	米	土	豆	瓜	果	蛋	色	房
话	事	王	爷	公	主	包	歌	耳	师	床	衣	园	机	梦
农	场	请	打	放	伤	穿	唱	比	赛	完	成	见	动	工
作	救	对	太	明	晚	老	行	条	朵	百	点	南	就	再
还	每	从	为	第	虎	狮	象	阳	月	国	火	光	奶	菜
男	女	孩	电	灯	刀	画	班	课	年	身	市	道	厂	岁
台	午	元	语	巾	医	业	皮	网	桌	字	时	加	让	洗
反	习	干	用	知	同	住	数	过	问	交	写	分	推	胖
方	平	广	合	直	新	读	丑	甜	千	半	几	次	北	万
谁	那	自	己	当	向	全	更	正	声	信				

小朋友，《迪士尼我会自己读》前四级，你都看过了吗？如果前四级你全都看完了，那就赶快开始挑战第五级吧！

迪士尼我会自己读第1级（共6册）　　迪士尼我会自己读第2级（共6册）　　迪士尼我会自己读第3级（共6册）　　迪士尼我会自己读第4级（共6册）

下面就是第5级的全部故事了，你读过几本了？每读一本，就在旁边的 ○ 里打上"√"，没有读过的快去读吧！

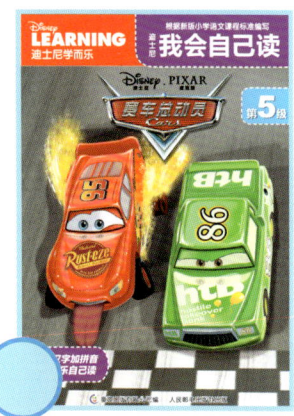  

专家小贴士

建议孩子同一级别的书多读几本，提高生字的复现率，便于孩子巩固强化已认生字。

亲爱的_____小朋友：

恭喜你自己读完了这两个小故事。你获得了贝儿公主发给你的"我会自己读"第5级荣誉证书，你还获得了五颗红星星哟！

我会自己读兴趣小组
_____年___月___日
爸爸妈妈的签名_____